KATZEN

Lesley Anne Ivory

BECHTERMÜNZ

Der Hund gehorcht nach dem Befehle,
die Katze nur der eignen Seele.

Eugen Roth

☆☆☆☆☆

Ob liebenswürdig versonnen,
ob enttäuscht vom mißlungenen Spiel,
die Anmut einer Katze
begeistert uns viel.

Sprichtwort

☆☆☆☆☆

Ist die Katze noch so glatt,
sie dennoch scharfe Krallen hat.

Volksmund

Die kleinste Katze
ist ein wahres Meisterstück.
Leonardo da Vinci

☆☆☆☆☆

Eine Katze müßte »Du« heißen,
weil es das Wort ist,
das jede Katze am häufigsten hört,
wenn man überhaupt zu ihr spricht.
Patricia Highsmith

☆☆☆☆☆

Es ist eine vornehme Katze,
die sich zu mausen schämt.
Sprichwort

LESLEY

Wenn die Katze träumt,
so ist es von den Mäusen.

Sprichwort

*****

Ich habe eine Katze,
die dieselbe Funktion wie ein Ehemann erfüllt:
Sie faucht am Morgen,
schläft den ganzen Tag
und kommt nachts zu spät nach Hause.

Nach Marie Corelli

*****

Ob weiße oder schwarze Katzen,
fangen sie Mäuse,
sind sie gute Katzen.

Teng Hisao-Ping

Wir Katzen
sind noch immer das freieste Geschlecht,
weil wir uns bei aller unserer Geschicklichkeit
so ungeschickt anzustellen wissen,
daß es der Mensch aufgibt,
uns zu erziehen.

Ludwig Tieck

*****

Es ist schwer,
eine Katze wieder in den Sack zu bekommen,
wenn man sie erst einmal herausgelassen hat.

Robert Lembke

*****

Auch die kleinste Katze kratzt.

Sprichwort

LESLEY

Gott schuf die Katze,
damit der Mensch
einen Tiger zum Streicheln hat.
Victor Hugo

☆☆☆☆☆

Erst schmeicheln, dann kratzen,
das schickt sich für Katzen.
Sprichwort

☆☆☆☆☆

Die Katze weiß sehr wohl,
wem sie den Bart leckt.
Johann Wolfgang von Goethe

☆☆☆☆☆

Der Hund mag wundervolle Prosa sein,
aber nur die Katze ist Poesie.
aus Frankreich

Es gibt keine gewöhnlichen Katzen.
Colette

☆☆☆☆☆

Katzen sind Fremdlinge vom ersten Augenblick an,
und doch erfüllt ihre lautlose Anwesenheit
das Haus mit geheimnisvoll Vertrautem.
Nach Monica Huchel

☆☆☆☆☆

Man übt Wohltätigkeit,
wie man Katzen streichelt,
deren zufriedenes Schnurren man hören will.
Charles Tschopp

Die Katze springt nicht durch Reifen
und denkt nicht im Traume daran,
uns zu Gefallen
auf den Hinterbeinen herumzustelzen.

Erich Kästner

☆☆☆☆☆

Wer weiß, ob meine Katze,
wenn ich mit ihr spiele,
sich nicht mehr mit mir amüsiert
als ich mich mit ihr?

Michel de Montaigne

☆☆☆☆☆

Die Katze schmeichelt zu allen Zeiten
und wartet ergeben
auf Zärtlichkeiten.

Nach Peter Frankenfeld

Ob ein Mensch gut ist,
erkennt man zuallererst an seinem Hund
und seiner Katze.

William Faulkner

☆☆☆☆☆

Je mehr man die Katze streichelt,
desto höher trägt sie den Schwanz.

Sprichwort

☆☆☆☆☆

Die Augen einer Katze sind Spiegel,
durch die nur wenig Auserwählte
einen Blick in das Reich der Feen tun können.

Keltischer Glaube

Man sollte nie zu sehr darauf vertrauen,
daß Katzen nicht denken
und nur nach ihrem Instinkt handeln.

Nach Paul Gallico

☆☆☆☆☆

Die Katze schmeichelt uns nicht,
sie läßt sich von uns schmeicheln.

Antoine Comte de Rivarol

☆☆☆☆☆

Die Katzen halten keinen für eloquent,
der nicht miauen kann.

Marie von Ebner-Eschenbach

LESLEY

Die Wahrheit über die Katze
erfährt man von den Mäusen.
Henry Ford

☆☆☆☆☆

Du mußt nur die Laufrichtung ändern,
sagte die Katze zur Maus
und fraß sie.
Fanz Kafka

☆☆☆☆☆

Wie der Katze geht es vielen.
Stets meint die Katze,
man wollt mit ihr spielen!
Erich Kästner

Katzen erreichen mühelos,
was uns Menschen versagt bleibt:
Durchs Leben zu gehen,
ohne Lärm zu machen.

Ernest Hemingway

☆☆☆☆☆

Im Schlafe
fängt die Katze keine Mäuse.

Sprichwort

☆☆☆☆☆

Eine Katze ist das würdevolle Abbild
von Gelassenheit
und perfekter Muskelkontrolle.

Nach N. Margaret Campell

Es ist keine Katze noch so mild,
wenn man sie einsperrt,
wird sie wild.

Sprichwort

☆☆☆☆☆

Seit ich jede Nacht auf die Schritte meiner Katze warte,
weiß ich erst,
wie viele Geräusche in der Stille geschehen.

Nach Toyatama Tsuno

☆☆☆☆☆

Wie schön schläft eine Katze,
schläft mit Pfoten und Schwere.

Pablo Neruda

Wenn die Katze viel frißt,
so wird sie übermütig.
Hartmann von Aue

☆☆☆☆☆

Eine Katze,
die einen Kanarienvogel gefressen hat,
kann darum noch nicht singen.
Aldous Huxley

☆☆☆☆☆

Das sind die gefährlichsten Katzen,
die vorne lecken
und hinten kratzen.
Georg Rollenhagen

Die Katze ist das einzige vierbeinige Tier,
das dem Menschen eingeredet hat,
er müsse es erhalten,
es brauche aber dafür nichts zu tun.

Kurt Tucholsky

*****

Nimm deine Augen in die Hand
und die Katz aufs Knie.
Was du nicht siehst,
das sieht sie.

Sprichwort

*****

Wo man die Katze streichelt,
da ist sie gern.

Deutsches Sprichwort

LESLEY

Ich habe die Philosophen und die Katzen studiert,
doch die Weisheit der Katzen
ist letztlich um ein weites größer.

Hyppolyte Taine

☆☆☆☆☆

Die Augen der Katzen
leuchten im Dunkeln und strahlen so,
daß man sie nicht ansehen kann.

Nach Gaius Plinius Secjundus

☆☆☆☆☆

Das Leben ist nicht in der Katze,
sondern die Katze ist Leben.

Nach Oswald Spengler

Die Bilder von Lesley Anne Ivory

Erstmals veröffentlicht 2000
in Großbritannien unter dem Titel *Cats*
von Michael O'Mara Books Ltd.,
9 Lion Yard, Tremadoc Road,
London SW4 7NQ
England

Deutsche Erstausgabe
Copyright © der deutschen Ausgabe 2001
by Weltbild Verlag GmbH, Augsburg
Redaktion: Ursula und Michaela Mohr, Herrsching/Augsburg
Layout und Design: Mitchell/Strange
Illustrationen: Lesley Anne Ivory
Gesamtherstellung: Tien Wah Press (Pte.) Ltd., Singapur
Printed in Singapore

ISBN 3-8289-0772-5